딱!
1시간에 끝내는 신약

딱! 1시간에 끝내는 신약

지은이 원 베네딕트
펴낸이 안용백
펴낸곳 (주)도서출판 넥서스

초판 1쇄 발행 2010년 7월 20일
초판 2쇄 발행 2010년 7월 25일

출판신고 1992년 4월 3일 제311-2002-2호
121-840 서울시 마포구 서교동 394-2
Tel (02)330-5500 Fax (02)330-5555

ISBN 978-89-6000-866-3 08230
978-89-6000-863-2 (세트)

가격은 뒤표지에 있습니다.
잘못 만들어진 책은 구입처에서 바꾸어 드립니다.

www.nexusbook.com
넥서스CROSS는 (주)도서출판 넥서스의 기독 브랜드입니다.

딱 1시간에 끝내는 신약

원 베네딕트 지음

넥서스CROSS

들어가는 글

많은 사람이 성경은 읽기 어렵고 이해하기 힘든 책이라고 생각한다. 또한 "성경은 하지 말라는 이야기만 있어서 읽기 부담스럽다"는 사람도 있다. 그래서 나는 성경이 얼마나 재미있고 유익한 책인지 이해시키기 위해 '딱! 1시간에 끝내는 성경 이해'를 시도하게 되었다. 3시간에 걸쳐 구약, 신구약 중간사, 신약을 공부하였는데 사람들의 반응은 뜨거웠다. 그들은 성경이 쉽고 재미있는 책이라는 것을, 많은 교훈을 얻을 수 있는 하나님의 말씀이라는 것을 깨닫고 감동스러워했다.

그러나 책으로 출판하기로 결정하면서 하나님의 말씀에 대한 이해와 묵상을 가볍게 여기는 것이 아닌가 하는 우려와 더불어 '딱! 1시간에 끝내는 성경 이해'가 또 하나의 출판 상술이 되지 않을까 하는 염려도 있었다. 하지만 젊은이 사역을 하는 나는 이 작은 책자가 성경 읽기를 어려워하는 사람들, 특히 젊은 이들에게 도움이 되기를 원한다. 더 나아가 기독교에 관심을 가지기 시작한 초신자들에게도 도움이 되길 원한다.

요즘 교회에 올 때 성경은 안 들고 오면서 휴대전화는 꼭 들고 오는 사람들이 있는데 하나님은 절대로 휴대전화로 응답하지 않으신다. 성경말씀을 통해 응답하신다. 아직도 성경책 없이 교회에 다니는 사람들이 있다면, 전쟁터에 무기 없이 싸우러 나가는 사람과 같다. 자기 성경책을 가지고 다니는 습관을 가진다면 어느 곳에서든지 하나님의 음성을 들을 수 있다.

> 이 율법책의 말씀을 늘 읽고 밤낮으로 그것을 공부하여, 이 율법책에 씌어진 대로, 모든 것을 성심껏 실천하여라. 그리하면 네가 가는 길이 순조로울 것이며, 네가 성공할 것이다(수 1:18, 표준새번역).

재미있는 식인종 이야기가 있다. 아프리카의 식인종이 선교

사의 전도를 통해 회심하게 되었고 신실한 그리스도인이 되었다. 어느 날 식인종이 성경을 읽고 있는데 지나가던 백인이 놀려대기 시작했다. 그러나 식인종은 상관하지 않고 열심히 성경을 읽었다. 그런데 백인은 포기하지 않고 계속해서 회심한 식인종을 놀렸다.

"식인종 주제에 성경이라니, 웃기네."

계속되는 놀림과 조롱을 듣고 있던 식인종은 더 이상 참지 못하고 백인을 향해 이렇게 이야기했다.

"야! 말씀이 내 안에 없었다면 네가 내 안에 있었을 거야."

물론 꾸며진 이야기지만 우리에게 많은 교훈을 준다. 교회를 열심히 다니는 것도 중요하지만 성경을 읽고 묵상하지 않으면 하나님의 뜻과 상관없이 살게 된다. 그러면 사람들과의 관계에서도 분노하고 원망하는 일이 생기게 된다. 하나님 말씀이 우리 안에 없으면 우리는 그분의 뜻과 인도하심이 아닌 내 방법과 내

힘으로밖에 살 수 없는 존재라는 것을 기억해야 한다.

일반적으로 우리가 들을 수 있는 음성은 4가지가 있다. 첫 번째는 나의 음성, 두 번째는 다른 사람의 음성, 세 번째는 사단의 음성, 네 번째는 하나님의 음성이다. 이 중에서 하나님의 음성을 듣기 원한다면 성경을 읽고 묵상하자. 그리하면 성경을 제대로 알 뿐만 아니라 어떤 일이든지 하나님의 뜻과 방법을 찾아서 결정할 수가 있다.

원 베네딕트

차례

3장 성숙한 신앙생활을 위해 권고하다

공동서신의 이해

4장 하나님의 승리를 선포하다

예언서의 이해

딱! 1시간에 끝내는 신약

1장

—

예수님을 설명하는 다양한 관점

복음서의 이해

마태복음

마가복음

누가복음

요한복음

사도행전

복음서는 예수 그리스도가 인간을 구원하기 위해 이 땅에 오셨다는 기쁜 소식을 기록하고 있는 성경이다. 복음서에는, 흔히 4복음서로 불리며 예수 그리스도에 관한 네 가지 관점을 보여주는 〈마태복음〉, 〈마가복음〉, 〈누가복음〉, 〈요한복음〉과 제자들의 선교 이야기를 기록한 〈사도행전〉이 있다. 〈사도행전〉은 일반적으로는 역사서로 분류하고 있지만 이 책에서는 복음서와 함께 보겠다.

약속된 **메시아,**
예수 그리스도

마태복음

저자 마태 **기록 연대** A.D. 50~70년경
내용 예수님이 왕으로 오신 메시아임을 선포한다.

또 다른 성경, 외경

일반적으로 성경이라 하면 구약과 신약을 말한다. 그런데 B.C. 300~A.D. 100년에 기록된 또 다른 성경이 있다. 이것을 보통 외경이라고 부르며, 가톨릭에서는 외경을 제2의 성경으로 인정하여 공동번역이나 가톨릭성경에 첨부하고 있다. 그러나 개신교에서는 외경은 정경(canon)이 아니라 기독교인들이 읽어서 유익한 것이라고만 생각하고 있다. 구약과 신약을 이어주는 역할을 하며 옛 이스라엘 사람들의 지혜와 영적인 부분을 기록하고 있기 때문에 읽으면 도움은 되겠지만 성경적 가치는 없다고 판단하는 것이다.

주님의 길을 예비한 선지자

구약의 마지막 성경인 〈말라기서〉는 예수님이 오시기 400여 년 전에 기록되었고, 구약과 신약 사이에 400년의 역사적 공백기가 있었다. 하나님은 말라기 선지자를 통해 "메시아가 오기 전에 그 길을 예비하는 선지자를 보내겠다"고 약속하셨다.

그 선지자가 바로 세례 요한이다. 그는 광야에서 낙타 털옷을 입고 가죽 허리띠를 차고 꿀과 메뚜기를 먹으며 살았다. 그는 "회개하라, 천국이 가까이 왔다!"라고 외치며 다녔는데 이 '회개하라'는 말의 뜻이 헬라어로는 '메타노이아(metanoia)' 즉, 생각을 바꾼다는 것이다. 다시 말해, 사람들에게 "당신들의 생각을 바꾸시오. 지금까지의 잘못된 생각을 바꾸시오!"라고 도전하며 설교한 것이다. 그러면서 "이제부터 하나님 뜻대로 살겠습니다" 하고 결정하며 정직하고 깨끗한 삶을 살겠다고 다짐하는 사람들에게 요단 강에서 물로 세례를 주었다.

회개할 때는 외적인 모습만 바뀌는 것이 아니라 생각이 바뀌는 게 중요하다. 예를 들면 우리가 흔히 가지고 있는 '돈 있으면 다 되지!'라는 생각이 '돈 없어도 믿음 있으면 되지!'라는 생각으로 바뀌어야 한다. '명문대학 나와야 하나님이 쓰시는 거야' 라는 생각이 '명문대학도 중요하겠지만 믿음이 있어야 돼!'라는 생각으로 바뀌어야 한다. 세례 요한은 이처럼 사람들의 생각이 변화될 수 있도록 "회개하라"고 외치며 권면했다.

그런데 그가 보기에 못마땅한 사람이 있었다. 바로, 부정하게 결혼한 헤롯 왕이었다. 요한은 헤롯 왕의 타락을 비난하다가 감옥에 갇혔고 결국 참수형을 당했다. 그의 죽음 이후 예수님의 사역이 본격적으로 시작되었고, 이것이 신약의 시작이다.

메시아와 그리스도

신약을 살펴보기 전에 먼저 '메시아'와 '그리스도'의 뜻을 이해하는 것이 중요하다. 두 단어의 뜻을 헷갈려하는 사람이 많은데 둘 다 '하나님이 기름부으신 자'라는 뜻을 가지고 있다. 메시아는 히브리어, 그리스도는 헬라어라는 점이 다를 뿐이다. 즉 '예수 그리스도'는 예수님이 하나님의 기름부음을 받으신 분이라는 뜻이다.

그러면 왜 신약을 보기 전에 메시아와 그리스도를 이해하고 지나가야 하는가? 우리가 잘 아는 것처럼 다윗은 이스라엘의 위대한 왕이었다. 하나님께서 다윗에게 기름부으셔서 이스라엘의 왕이 되게 하셨고, 다윗의 통치를 거치면서 이스라엘은 강하고 부유한 나라가 되었다. 그런데 다윗 이후의 왕들이 문제를 일으키면서 하나님의 뜻에 순종하지 않았고, 우상을 숭배하며 가난한 자들을 압제하기 시작했다. 그러면서 이스라엘은 이방 나라들에 의해 망했고, 다윗의 시대도 끝나버렸다.

이스라엘 백성은 바벨론의 포로가 되었고 이후에 바사 제국과 로마 제국의 통치를 받는 신세가 됐다. 그러자 이스라엘 백성들에게는 '다윗의 뒤를 이어 이스라엘을 회복할 하나님의 기름부음 받은 왕이 올 것이다. 메시아가 올 것이다!'라며 고대하는 마음이 생겼다. 이제 다윗 왕의 시대는 끝났지만 다윗의 가문에서 그의 뒤를 이어 이 나라를 회복할 메시아, 하나님의 기름부음 받은 그리스도가 나타나 그들을 적으로부터 해방시키고 나라를 회복시켜줄 것이라고 믿었다.

복음서는 예수님이 다윗의 후손일 뿐 아니라 하나님의 기름부음 받은 그리스도임을 말하고 있다. 마태복음 1장 1절에서

아브라함 이후의 족보를 밝히고 있는 이유가 무엇일까? 예수님이 인간으로는 다윗의 후손이며, 하나님의 기름부음 받은 분이라는 것을 드러내기 위함이다. 따라서 예수 그리스도의 이름을 정확히 이해해야 복음서를 이해할 수 있다.

다양한 관점으로 예수님을 보다

4복음서는 예수 그리스도가 어떤 분이신지에 대한 네 가지 관점을 보여준다. 전도할 때도 모든 사람에게 똑같이 접근하면 안 된다. 유럽인이면 유럽인, 아시아인이면 아시아인, 아프리카인이면 아프리카인에 맞는 전도 방식이 있는 것이다. 그래서 전도 대상자의 문화와 언어, 풍습을 이해하고 접근해야 한다. 이에 따라 4복음서는 정통 유대인, 이방인, 가난하고 소외된 사람들, 예수님을 잘 아는 사람들에게 각기 다른 방법으로 예수님을 전하고 있다.

〈마태복음〉은 유대인들에게 예수님이 구약에 약속된 메시아임을 알려주고, 〈마가복음〉은 아직 예수님에 대해 잘 알지 못하는 사람들을 대상으로 하기에 예수님의 기적에 대한 기록이 많다. 그리고 〈누가복음〉은 가난하고 소외된 자들을 향한 예수님의 마음을 많이 보여주며, 〈요한복음〉은 이미 예수님을 알고 있는 사람들을 위해서 예수님의 삶과 설교를 자세하게 기록하고 있다. 그러면 4복음서 중에서 〈마태복음〉부터 살펴보자.

도표로 보는 신약 1

● 예수님에 대한 4복음서의 관점

	마태복음	마가복음	누가복음	요한복음
관점	왕	종	인간	하나님의 아들

마태가 기록한 예수 그리스도

〈마태복음〉은 성경적 지식이 있는 정통 유대인들에게 예수님이 약속된 메시아임을 보여주기 위해 기록되었다. 그래서 족보로부터 시작하여 구약의 말씀을 많이 인용하면서 구약에 예언된 메시아가 바로 예수님임을 설명하고 있다. 또한 구약의 내용을 이미 잘 알고 있는 유대인들이 주 독자층이어서 신학적인 이야기가 많이 나온다.

마태의 직업은 세리로, 돈에 관심이 많았다. 그래서 돈에 관한 예수님의 설교가 유일하게 기록되어 있는 것이 〈마태복음〉이다. 또한 세리는 사람들이 빌려간 돈을 정확하게 기록해야 하는 직업이다. 그래서 마태는 직업상 몸에 밴 습관으로, 예수님의 설교도 요약해서 도표로 잘 정리해놓았다. 예수님의 가르침을 다섯 개로 구분해서 마치 모세의 다섯 율법서와 일치시킨 듯한 느낌도 주고 있다. 5~7장은 산상수훈, 10장은 제자들을 보내시는 예수님, 13장은 천국의 비유, 18장은 교회의 권리와 의무, 24~25장은 미래에 대한 가르침으로 예수님의 설교를 구분하여 기록했다.

Tip

예수님의 열두 제자는?

베드로, 안드레, 야고보, 요한, 빌립, 바돌로매, 도마, 마태, 알패오의 아들 야고보, 다대오, 시몬, 가룟 유다

〈마태복음〉을 읽다 보면, 하나님을 붙들 때 하나님이 우리의

모든 것을 쓰신다는 것을 알 수 있다. 우리가 '이건 아니야'라고 생각하는 것도 주님께서는 거룩하게 만드시고 사용하신다는 것이다. 우리도 늘 쓰임받기를 소원하자.

도표로 보는 신약 2

● 산상수훈의 핵심, 팔복

말씀	팔복
마 5:3	심령이 가난한 자 → 천국을 소유할 것이다.
마 5:4	애통하는 자 → 위로를 받을 것이다.
마 5:5	온유한 자 → 땅을 기업으로 받을 것이다.
마 5:6	의에 주리고 목마른 자 → 배부를 것이다(영적 풍요).
마 5:7	긍휼히 여기는 자 → 긍휼히 여김을 받을 것이다.
마 5:8	마음이 청결한 자 → 하나님을 볼 것이다.
마 5:9	화평케 하는 자 → 하나님의 아들이라 일컬음을 받을 것이다.
마 5:10	의를 위해 핍박받는 자 → 천국을 소유할 것이다.

많은 기적을 행하신 예수님

마가복음

저자 마가 **기록 연대** A.D. 65~70년경
내용 종으로 오신 예수님의 봉사와 희생을 보여준다.

〈마가복음〉은 아직 예수님에 대해 알지 못하는 사람들을 위해 기록되었기 때문에 예수님의 기적에 대한 이야기가 많이 나온다. 성경지식이 없는 이들이 그러한 이야기를 통해 예수님을 쉽게 이해할 수 있게 쓰인 것이다.

〈마가복음〉은 복음서 중에 가장 짧다. 예수님에 대해 좀 더 쉽게 이해하고 싶다면 〈마가복음〉을 제일 먼저 읽으라. 교회에 처음 나가는 사람들에게는 철학적이고 신학적인 내용이 많은 〈요한복음〉은 권하지 않는 게 좋다. 〈마태복음〉도 시작부터 족보가 나오면서 "누가 누구를 낳고…"가 반복되어 헷갈리거나 지겨울 수 있으므로 권하지 않는 게 좋다. 그런데 〈마가복음〉은

처음부터 믿지 않는 사람들을 위해 짧게 기록된 것이므로 초신자들에게 권하기 좋다.

〈마가복음〉은 가장 일찍 기록된 복음서이며, 전개 속도가 빠르다. 내용을 질질 끌지 않고 불필요한 내용들은 넣지 않아 빠른 속도로 예수님의 생애를 소개한다. 예수님의 출생에 관련된 내용은 넣지 않고, 세례 요한에 대해서부터 기록한 〈마가복음〉의 주제는 예수님이 인간이 되셨다는 것과 하나님의 아들이시라는 것이다.

도표로 보는 신약 3

● 예수님의 대표적인 이적

이적	장소	말씀
왕의 신하의 아들을 고치심	가나	요 4:46~54
회당에서 귀신 들린 자를 고치심	가버나움	막 1:21~28; 눅 4:31~37
베드로의 장모를 고치심	가버나움	마 8:14~15; 막 1:30~31; 눅 4:38~39
열 문둥병자를 고치심	사마리아와 갈릴리 사이	눅 17:11~19
중풍병자를 고치심	가버나움	마 9:2~7; 막 2:3~12; 눅 5:18~25

백부장의 종을 고치심	가버나움	마 8:5~13; 눅 7:1~10
혈루증 앓는 여인을 고치심	가버나움	마 9:20~22; 막 5:25~29; 눅 8:43~48
두 소경을 고치심	여리고	마 20:29~34; 막 10:46~52; 눅 18:35~43
귀신 들린 벙어리를 고치심	가버나움	마 9:32~34
광풍을 잔잔케 하심	갈릴리 호수	마 8:23~27; 막 4:37~41; 눅 8:22~25
오천 명을 먹이심	갈릴리 호숫가	마 14:15~21; 막 6:35~44; 눅 9:12~17; 요 6:5~13
물 위를 걸으심	갈릴리 호수	마 14:25; 막 6:48~51; 요 6:19~21
물고기를 많이 잡게 하심	갈릴리 호수	눅 5:1~11
야이로의 딸을 살리심	가버나움	마 9:18~25; 막 5:22~42; 눅 8:41~56
과부의 아들을 살리심	나인	눅 7:11~15
죽은 나사로를 살리심	베다니	요 11:1~14

소외된 자들의 친구, 예수님

누가복음

저자 누가 **기록 연대** A.D. 62년경
내용 소외된 자들에 대한 예수님의 관심을 보여준다.

〈누가복음〉은 의사인 누가가 기록했다. 그는 직업상 가난하고 소외된 자들, 병든 자들에게 관심이 많았다. 따라서 다른 성경에는 없는 가난하고 소외된 자들, 특히 여성들을 돌보시는 예수님의 마음과 사랑에 대해 많은 기록을 남겼다.

누군가 "아휴, 예수 믿는 사람들은 자기밖에 몰라. 예수는 부자들의 하나님이지"라고 말하는 사람이 있다면 〈누가복음〉을 권하라. 그러면 가난하고 소외된 자들을 향하신 하나님의 사랑을 느끼고 감동할 것이다.

〈누가복음〉은 예수님의 인성을 강조하기 위해 예수님의 족보와 성장 과정, 감정 상태 등을 충실히 기록하고 있으며, 예수님의 생애를 대체로 역사적 순서에 따라 배치하고 있다.

도표로 보는 신약 4

● 누가복음에 나오는 천국, 재림, 심판의 비유

	비유 내용	의미	말씀
천국	씨 뿌리는 자와 밭	복음은 고루 전해지나 받는 사람의 순종 여부에 따라 결과가 달라진다.	눅 8:5~8
	겨자씨	교회는 미약하게 시작되나 결국 크게 발전한다.	눅 13:18~19
	누룩	복음은 세상을 변화시키며 퍼져간다.	눅 13:20~21
재림	깨어 있는 종	시기를 알 수 없는 주님의 재림에 대비하며 늘 깨어 있으라.	눅 12:35~40
	선한 청지기와 악한 종	당장 심판이 없다고 태만하지 말고 현재 맡고 있는 직분에 충실하라.	눅 12:42~48
	무화과나무	성도는 말세가 가까워질 때 시대적 특징을 분별할 수 있다.	눅 21:29~32
심판	열매 없는 무화과	복음을 받아들인 후 열매를 맺지 않는 사람에게는 심판이 임할 것이다.	눅 13:6~9
	불의한 농부	복음을 거부하고 무시하는 사람은 분명 심판을 받을 것이다.	눅 20:9~16

예수 그리스도의 삶을 읽다

요한복음

저자 요한 **기록 연대** A.D. 90~100년경
내용 하나님의 아들이신 예수 그리스도를 믿음으로 얻는 구원.

〈요한복음〉은 예수님을 이미 알고 있는 사람들을 위해 쓰였으며, 예수님의 설교가 자세히 기록되어 있다. 복음서 중 〈마태복음〉, 〈마가복음〉, 〈누가복음〉을 흔히 '공관복음'이라고 한다.

Tip

공관복음은 무엇인가?

공관(共觀)이라는 것은 공통된 관점이란 뜻으로, 예수님의 생애를 서로 다른 방향에서 서술한 4복음서 중 〈마태복음〉, 〈마가복음〉, 〈누가복음〉은 그 관점에 공통점이 많아 일반적으로 '공관복음'이라고 부른다.

그런데 〈요한복음〉은 전혀 다른 느낌이다. 내용이 철학적이

며, 사건보다는 교훈 중심으로 기록되어 있다. 비유는 전혀 없고, 예수님의 긴 설교와 예수님과의 대화 위주로 기록하여 예수님의 삶에 대한 깊은 의미를 설명하고 있다. 또한 공관복음과는 달리, 예수님의 생애에 일어난 주요 사건 중 탄생과 세례, 광야에서의 시험에 대해서는 기록하지 않았다.

도표로 보는 신약 5

● 예수님의 자기 선언

말씀	비유 내용
요 6:35	나는 생명의 떡이다.
요 8:12	나는 세상의 빛이다.
요 10:7, 9	나는 양의 문이다.
요 10:11, 14	나는 선한 목자다.
요 11:25	나는 부활이요 생명이다.
요 14:6	나는 길이요 진리요 생명이다.
요 15:1, 5	나는 참 포도나무다.

특히 〈요한복음〉은 하나님과 예수님의 깊은 관계에 대해 설

명하고 있는 책이다. 따라서 예수님에 대해 깊은 묵상을 하고 싶은 사람들에게 권한다. 다음의 성경구절은 〈요한복음〉을 기록한 목적을 잘 보여주므로 반드시 알아두자.

> 오직 이것을 기록함은 너희로 예수께서 하나님의 아들 그리스도이심을 믿게 하려 함이요 또 너희로 믿고 그 이름을 힘입어 생명을 얻게 하려 함이니라(요 20:31).

도표로 보는 신약 6

● 4복음서 비교

	마태복음	마가복음	누가복음	요한복음
저자의 직업	세리	선교사	의사	어부
대상	유대인	로마인	헬라인	모든 사람
특징	설교	기적	비유	교훈
논조	예언적	실제적	역사적	영적
내용 전개	주제별	연대별	연대별	주제별
시간적 관점	과거	현재	미래	영원
구분	공관복음(예수님의 인성 강조)			예수님의 신성 강조

성령의 강림과 역사하심

사도행전

저자 누가 **기록 연대** A.D. 63년경
내용 성령 강림과 교회의 탄생, 복음 전파에 대해 기록한다.

〈사도행전〉은 누가의 두 번째 기록이다. 따라서 〈누가복음〉에 이어 〈사도행전〉을 읽으면 동일한 사람의 기록이므로 같은 관점에서 말씀을 이해할 수 있다. 〈사도행전〉은 예수님이 승천하신 후에 강림하신 성령에 대해 이야기하며, 성령을 받은 제자들이 주님의 복음을 전하는 과정을 기록하고 있다. 그래서 〈사도행전〉을 다른 말로는 '성령행전'이라고 한다.

그런데 〈사도행전〉은 28장으로 끝나는 것이 아니다. 29장, 30장을 현재 우리가 쓰고 있다는 것을 인식해야 한다. 성령에 붙들린 자들이 세상을 바꾸는 이야기가 〈사도행전〉이다. 그러므로 〈사도행전〉을 읽을 때는 "주님, 사도행전의 역사가 28장에서 끝나는 것이 아니라 나로 말미암아 29장, 30장이 기록되게 하옵소서"라고 기도하며 읽기 바란다.

〈사도행전〉의 주인공은 성령님이시다. 그리고 〈사도행전〉을 보면 이방인들에게 복음이 전해지기 시작하며, 위대한 사도인 바울이 등장한다. 바울은 로마 시민으로 태어났고 번영하는 헬라 문화의 계승자였으며 유대인이었다. 그러다가 예수 믿는 사람들을 잡으러 다메섹으로 가던 중에 예수님을 만나게 되었고, 회심한 후 누구보다 크게 쓰임받는 하나님의 사람이 되었다. 그러므로 〈사도행전〉을 볼 때는 성령님과 이방인, 사도 바울에 초점을 맞춰 읽어보자.

도표로 보는 신약 7

● 내용으로 보는 사도행전

구분	내용	연도	중심
1~7장	교회의 형성	A.D. 30~36(7년)	예루살렘
8~12장	교회의 과도기	A.D. 37~46(10년)	안디옥
13~28장	전도여행, 교회의 확장	A.D. 47~66(20년)	로마

짚어 보기

1. 세리 마태는 장부를 정리하듯 예수님의 족보와 설교를 논리적이면서도 알기 쉽게 정리했다. 하나님께서는 사람의 장점을 찾아내셔서 하나님의 나라를 위해 사용하게 하신다.

2. 복음서는 다양한 관점으로 예수님의 삶을 보여주고 있다. 하지만 그 주제는 한 가지, 예수 그리스도다. 하나님께서는 우리의 다양한 배경을 통해 예수님을 세상에 알리길 원하신다.

3. 제자들은 성령을 받고 예수님을 증거하며 세상을 바꾸는 일에 쓰임받았다. 우리도 세상을 바꾸는 영향력 있는 사람으로 쓰임받기를 소망하자.

4. 〈사도행전〉은 28장으로 끝난 것이 아니다. 우리가 예수님의 제자로서 여전히 〈사도행전〉을 기록하고 있기 때문이다. 삶의 현장에서 예수님을 증거하는 사도로 살아가자.

딱! 1시간에 끝내는 신약

2장

—

회심한 **바울**이 쓴 **믿음의 편지들**

바울서신의 이해

로마서

고린도전후서

갈라디아서

에베소서

빌립보서

골로새서

데살로니가전후서

디모데전후서

디도서

빌레몬서

신약성경에는 무려 21편의 편지가 실려 있다. 예수님의 승천 이후 교회의 지도자들이 교회와 성도들에게 보냈던 편지들을 묶은 것이 신약성경의 대부분이다. 주된 내용은 이단과 잘못된 가르침에 대한 경고였다. 또한 교회에서 생기는 문제들, 즉 다툼과 분열 등에 대해 경고하면서 대처 방법을 가르쳤고 위로와 격려의 메시지도 담겨 있었다.

대부분의 편지를 쓴 사람은 바울이며 초기에 썼던 편지가 〈데살로니가전후서〉이다. 그리고 올바른 신앙의 강조를 위해 〈로마서〉와 〈고린도전후서〉, 〈갈라디아서〉를 썼고, 감옥에서 〈에베소서〉, 〈빌립보서〉, 〈골로새서〉, 〈빌레몬서〉를 썼다. 옥중서신들을 읽을 때 바울이 감옥에서 쓴 것임을 알고 읽는다면 더 큰 감동이 있을 것이다. 그리고 그의 마지막 편지가 〈디모데전후서〉와 〈디도서〉이다. 나머지 편지들은 다른 사람에 의해 기록되었다.

올바른 신앙을 강조하다

로마서~갈라디아서

저자 바울 **기록 연대** A.D. 53~57년경
내용 기독교의 진리와 성숙한 그리스도인의 삶을 보여준다.

기독교 신앙의 핵심

〈로마서〉는 바울이 쓴 서신 중에 제일 긴 편지이며 기독교 신앙의 핵심이 기록되어 있다. 그래서 구원에 대한 확신이 없던 사람들이 〈로마서〉를 보면서 구원의 확신을 얻고 변화된 사례가 많다. 그 대표적인 사람이 마르틴 루터였다. 《천로역정》을 쓴 존 번연도 로마서를 읽고 묵상하면서 감동받아 그 책을 썼다. 수많은 사람이 〈로마서〉를 통해 회심하고 주님을 만났다.

그래서 "로마서는 이런 성경이다"라는 긴 설명을 듣기보다는 직접 읽어봐야 한다. 그러면 복음의 진수를 알 수 있고, 기독교 신앙의 핵심이 무엇인지 알 수 있다.

사도 바울의 대표적인 편지 중 하나인 〈로마서〉는 다소 읽기 어려운 부분도 있지만 꼭 한 번쯤은 읽고 묵상해야 하는 책이다. 버릴 부분이 하나도 없으므로 한 절씩 깊은 묵상을 해볼 필요가 있다. 온종일 한 절만 묵상하는 것도 좋을 것이다.

Tip

사도란?

'보냄을 받은 자' 또는 '대리자'라는 뜻이다. 즉, 그리스도로부터 권위를 부여받은 대사를 말한다. 사도 바울은 다른 사도들처럼 예수님으로부터 직접 가르침을 받은 것은 아니지만 부활하신 예수님을 목격하고 복음 증거의 사명을 받았다.

성과 성령, 하나 됨에 대하여

고린도교회는 당시에 가장 문제가 많은 교회였다. A.D. 50년에 고린도를 방문한 바울은 그곳에 교회를 세웠다. 고린도는 동서양의 주요 무역 항로가 만나는 곳이었기에 많은 사람이 방문하였다. 지금으로 말하자면 홍콩과 싱가포르 같은 곳이었다. 그만큼 복음 전파의 중심지가 될 수 있는 곳이었기에 바울이 심혈을 기울여 그곳에 교회를 세웠다.

그런데 고린도교회는 논쟁과 다툼이 많았고 타락이라는 심각한 문제도 안고 있었다. 교회가 세상에 선한 영향을 주는 것이 아니라 항구도시가 가진 음란한 문화와 우상숭배의 문화를 교회 안으로 끌어들이기 시작했다. 이러한 문제를 알게 된 바울은 문제 있는 교인들을 가까이하지 말라는 경고의 편지를 썼다.

그러나 바울이 에베소에 머물 때 고린도에서 온 세 사람을 만나 고린도교회의 문제를 자세히 듣게 된다. 자신의 경고에도 불구하고 여전히 교회의 분열, 교인끼리의 고발, 가난한 사람을 배려하지 않은 부자들의 잔치 등 많은 문제가 있다는 것이었다.

그리고 바울은 고린도 교인들의 질문이 담긴 편지를 받게 된다. 그들은 결혼과 성, 여자, 성령에 대한 질문을 한다. 사도 바울이 그 질문에 답하기 위해 쓴 편지가 바로 〈고린도전서〉이다. 따라서 성에 대한 질문, 성령에 대한 궁금증, 하나 됨에 대해 관심이 있다면 〈고린도전서〉를 꼭 읽어야 한다.

1~6장은 교회의 분열에 대한 경고와 하나 됨을 가르치고 있고, 7장부터는 교인들의 질문에 대한 답을 적고 있다. 13장은 그 유명한 '사랑장'으로, 믿음, 소망, 사랑 중에서 가장 위대한

것은 사랑임을 강조했다.

도표로 보는 신약 8

● 고린도전서 내용 정리

구분	내용
1~4장	분열에 대한 경고
5~6장	징계: 방종, 소송, 방자
7~10장	이견: 결혼, 음식
11~14장	무질서: 복종, 만찬, 영적 은사
15~16장	교리

바울의 기쁨이 담긴 편지

바울이 〈고린도전서〉를 보내고 난 뒤 교회는 회복된 것이 아니라 더욱 분열되었다. 이러한 사실을 알게 된 바울이 디도를 통해 다시 책망의 편지를 보냈다. 그들이 충격받아 변화되기를 원했던 것이다.

그리고 마침내 디도를 통해 고린도교회 성도들의 변화에 대한 기쁜 소식을 전해 듣는다. 이에 기뻐한 바울이 고린도교회에 보낸 편지가 〈고린도후서〉이다. 그의 기쁨이 그대로 드러난, 바울의 가장 인간적인 편지인 것이다.

구원에 대한 확신

바울과 바나바의 첫 번째 전도여행으로 지금의 터키 지방에 세워진 교회가 갈라디아교회이다. 그런데 이들이 떠난 후, 유대인들은 바울이 가르친 것과는 전혀 다른 것을 이방인들에게 가르치기 시작했다. 바울과 바나바는 "너희는 믿음으로 구원받았다"고 가르쳤는데, 유대인들은 기독교인이 되려면 먼저 유대인이 되어야 하며 율법을 지키고 할례를 받아야 한다고 가르쳤다. 이것을 전해 들은 바울이 율법에서 자유롭게 하시는 예수님의 은혜와 복음의 능력에 대하여 기록한 서신이 〈갈라디아서〉다.

이단들은 행위를 중요시한다. 그래서 "하루에 성경을 열 장씩 읽지 않으면 구원 못 받는다. 너, 그런 식으로 해서 구원받을 수 있을 것 같아?"라는 식의 말을 자주 한다.

그런 말을 들을 때 우리는 마음이 힘들어지며 죄책감을 느낀다. 자신이 신앙생활을 제대로 못하는 것 같고 그리스도인이 아닌 것 같다는 생각이 든다. 그럴 때는 〈갈라디아서〉를 읽어야 한다. 우리는 행위나 율법으로 구원받은 것이 아니라 예수 그리스도를 믿음으로 구원받았다. 그분은 십자가에서 피 흘려 죽으시고 부활하심으로써 우리를 단번에 구원하셨다. 그에 대한 확신을 주는 말씀이 〈갈라디아서〉다.

우리의 구원이 행위에 있지 않다는 것을 반드시 기억해야 한다. 우리가 헌금을 얼마나 하고 기도를 몇 시간 하는지가 중요한 것이 아니다. 예수 그리스도께서 우리를 이미 구원하셨음을 믿어야 한다. 다른 사람들에게 "너, 그런 식으로 하면 구원 못 받아. 그렇게 살면 주님이 널 사랑하실 것 같아?"라는 말은 하지 말기 바란다.

영적인 체험이 없으면 구원을 못 받을 것 같고 치유집회 같은 데 가서 기도할 때 다른 사람들처럼 쓰러지지 않으면 믿음이 부족한 것 같다는 생각이 들 수도 있다. 그런 것이 바로 갈라디아교회가 겪었던 문제다. 그러나 우리는 이미 그리스도로 말미암아 자유로워졌다. 주님은 우리의 행위가 아니라 믿음을 보신다. 믿음이 있을 때 우리의 삶이 변화된다.

〈갈라디아서〉는 〈로마서〉처럼 구원에 대한 확신을 얻는 데 도움이 되지만 〈로마서〉보다 쉽기 때문에 초신자들이 읽기에 좋다.

Tip

성령의 9가지 열매란?

사랑, 희락, 화평, 오래 참음, 자비, 양선, 충성, 온유, 절제로 거듭난 그리스도인들은 삶에서 성령의 열매를 맺어야 한다(갈 5:22~23).

감옥에서 쓴 믿음의 편지

에베소서~골로새서

저자 바울 **기록 연대** A.D. 61~63년경
내용 절대적 주권자이신 그리스도와 연합된 삶을 보여준다.

아름다운 관계 맺기

〈에베소서〉는 바울이 감옥에서 쓴 서신서이다. 에베소는 고린도와 로마를 이어주던 당시의 가장 번창한 항구도시였다. 아테네의 파르테논 신전보다 4배나 크고 무려 5만 명을 수용할 수 있는 신전이 있었다. 바울은 A.D. 54년경부터 2년간 이곳에 머물렀다.

〈에베소서〉는 에베소교회만이 아닌 전체 교회를 향해 쓴 편지였다. 에베소교회가 당시 제일 큰 교회였기에 제일 위에 이름이 기록되어 있는 것이었다. 당시에는 인쇄기술이 발달하지 않았기 때문에 하나의 편지를 돌려 읽는 일이 많았다. 그래서 〈에

베소서〉 역시 에베소교회가 먼저 읽고 다른 교회에도 보내 읽게 했다.

〈에베소서〉는 변화된 관계에 대한 말씀이다. 예수님의 죽음으로 말미암아 우리는 하나님과 결합하여 새로운 관계를 맺게 되었고, 새사람이 되었다. 〈에베소서〉에서는 이처럼 변화된 삶을 통한 남편과 아내, 부모와 자식 그리고 주인과 종의 관계를 설명하고 있다. 다음의 말씀들을 읽어보자.

아내들이여 자기 남편에게 복종하기를 주께 하듯 하라 이는 남편이 아내의 머리 됨이 그리스도께서 교회의 머리 됨과 같음이니 그가 바로 몸의 구주시니라 그러므로 교회가 그리스도에게 하듯 아내들도 범사에 자기 남편에게 복종할지니라 남편들아 아내 사랑하기를 그리스도께서 교회를 사랑하시고 그 교회를 위하여 자신을 주심 같이 하라 이는 곧 물로 씻어 말씀으로 깨끗하게 하사 거룩하게 하시고 자기 앞에 영광스러운 교회로 세우사 티나 주름 잡힌 것이나 이런 것들이 없이 거룩하고 흠이 없게 하려 하심이라 이와 같이 남편들도 자기 아내 사랑하기를 자기 자신과 같이 할지니 자기 아내를 사랑하는 자는 자기를 사랑하는 것이라(엡 5:22~28).

자녀들아 주 안에서 너희 부모에게 순종하라 이것이 옳으니라 네 아버지와 어머니를 공경하라 이것은 약속이 있는 첫 계명이니 이로써 네가 잘되고 땅에서 장수하리라 또 아비들아 너희 자녀를 노엽게 하지 말고 오직 주의 교훈과 훈계로 양육하라(엡 6:1~4).

종들아 두려워하고 떨며 성실한 마음으로 육체의 상전에게 순종하기를 그리스도께 하듯 하라 눈가림만 하여 사람을 기쁘게 하는 자처럼 하지 말고 그리스도의 종들처럼 마음으로 하나님의 뜻을 행하고 기쁜 마음으로 섬기기를 주께 하듯 하고 사람들에게 하듯 하지 말라 이는 각 사람이 무슨 선을 행하든지 종이나 자유인이나 주께로부터 그대로 받을 줄을 앎이라 상전들아 너희도 그들에게 이와 같이 하고 위협을 그치라 이는 그들과 너희의 상전이 하늘에 계시고 그에게는 사람을 외모로 취하는 일이 없는 줄 너희가 앎이라(엡 6:5~9).

하나님을 만난 사람에게는 새로운 변화가 있어야 한다. 앞에서 살펴본 바와 같이 남편과 아내는 서로 존중해야 하고, 부모와 자식 간에는 사랑이 있어야 하며, 주인과 종 사이에는 순종과 신의가 있어야 한다. 아름다운 관계를 맺는 법을 배우고 싶다면 〈에베소서〉를 읽으라.

도표로 보는 신약 9

● 하나님의 전신갑주(엡 6:10~17)

	신체	무장
1	허리	진리의 허리띠
2	가슴	의의 흉배
3	발	복음의 신발
4	손	믿음의 방패, 성령의 검
5	머리	구원의 투구

기쁨의 능력

〈빌립보서〉 역시 바울이 감옥에 있는 동안 자신에게 특별한 사람들을 향해 썼던 서신이다. 빌립보는 마케도니아의 중심도시이다. 바울은 처음에 빌립보로 가려 하지 않고 아시아 쪽으로 가려고 했다. 그런데 "와서 우리를 도우라" 하는 환상을 본 후 빌립보로 가서 복음을 전하게 된다. 그래서 바울에게는 그곳이 매우 특별하고 애정이 남다를 수밖에 없었다.

그는 〈빌립보서〉를 통해 감옥에 있는 자신의 현 상황에 대해 나누었다. 감옥에 갇혀 있는 동안 그를 돌보며 선물도 보내준 빌립보 교인들에 대한 감사한 마음을 고백했고, 감옥에 있어도 기뻐할 수 있다는 말씀을 나눴다. 또한 교회 내의 논쟁에 대해 경고하면서 유대교의 위험성을 언급했다.

하지만 〈빌립보서〉의 핵심이 되는 내용은 '기쁨'이다. 4장으로 짧게 구성된 말씀 가운데서도 '기쁨'이라는 단어가 무려 16회나 사용된다. 기뻐하는 것은 믿는 자의 능력이다. 우리는 고난 중에서도 기뻐할 수 있다. 지금 혹시 어려운 상황에 처해 있는가? 고난 중에서 괴로워하고 있는가? 그렇더라도 우리는 예수님으로 인해 어떠한 상황에서도 기뻐할 수 있다. 따라서 낙심되고 힘들 때, 소망이 없을 때, 기쁨을 회복하고 싶을 때는 〈빌립보서〉를 읽어보라.

예수님의 올바른 가르침

바울이 로마 감옥에 있을 때 골로새교회의 지도자인 에바브라가 찾아온다. 그는 바울에게 골로새교회가 굳건하게 세워져 가고 있지만 문제도 있다고 고백한다.

어떤 율법 선생들은 자신들이 구원에 대한 탁월한 지식을 가지고 있다고 말했고, 그것이 예수님의 가르침보다 훌륭하다고 말하는 사람도 있었다. 그리고 기독교인이 되려면 유대인이 되어야 하고 할례를 받아야만 한다는 가르침을 전하는 사람들도 있었고, 자신이 예수님보다 영적 힘이 더 강하다고 주장하는 사람들도 있다는 것이 골로새교회의 문제였다. 이에 대한 경고와 바른 가르침을 담은 서신서가 〈골로새서〉이다.

재림에 대해 말하다

데살로니가전후서

저자 바울 **기록 연대** A.D. 51년경
내용 그리스도의 재림에 대한 올바른 가르침을 전한다.

〈데살로니가전후서〉는 바울이 2차 전도여행 중에 설립한 데살로니가교회에 보낸 서신으로, 믿음의 진보에 대한 칭찬과 격려, 그리고 고난 속에서도 굳게 서며 성숙한 신앙생활을 하라는 권면과 위로가 담겨 있다.

특히 재림에 대한 말씀이 많은데, 〈데살로니가전서〉에서는 고난 가운데서도 그리스도의 재림을 생각하며 소망을 가지고 성결하게 살아가라고 권고한다. 그런데 그리스도의 재림이 자신들의 세대에 바로 이루어지는 것으로 오해하고 현재의 삶을 포기하는 사람들이 생기자 바울은 〈데살로니가후서〉를 통해 재림에 대한 올바른 가르침을 준다.

지도자들을 위한 목 회 서 신

디모데전후서, 디도서

저자 바울 **기록 연대** A.D. 63~67년경
내용 목회자로서의 바른 자세와 교회의 질서에 대해 말한다.

영적 아들에게 쓴 옥중서신

〈디모데전후서〉는 장차 하나님의 종으로 사역하기를 원하는 20~30대 젊은 지도자들이 꼭 읽고 묵상해야 하는 말씀이다. 왜냐하면 바울이 자신의 제자이면서 영적 아들인 디모데에게 쓴 목회서신이기 때문이다.

〈디모데전후서〉는 선생이 제자에게, 아버지가 아들에게 주는 격려와 충고의 말씀으로, 바울이 로마 감옥으로부터 석방된 사도행전 28장 이후에 기록되었다.

디모데는 유대인 어머니와 헬라인 아버지 사이에서 태어났고, 바울의 첫 번째 선교지인 디모데의 고향 루스드라에서 바울

에게 전도 받아 기독교인이 되었다. 이후 디모데는 바울의 전도 여행에 동참하면서 바울의 제자이자 영적인 아들이 되었다.

성경을 보면 디모데의 특징 중 하나는 수줍음을 잘 타는 것이었다. 그래서 바울은 〈디모데전서〉를 통해, 지도자가 되려면 수줍음을 타지 말고 강하고 담대하며 확신을 가지고 말하는 법을 배워야 한다고 디모데에게 권면한다. 또한 영적인 지도자가 해야 할 일에 대해 자세히 설명한다. 따라서 〈디모데전서〉는 이제 사역의 길로 접어든 젊은 지도자들이 반드시 읽고 묵상해야 할 말씀이다.

바울은 다시 로마 감옥에 투옥되고 그곳에서 마지막 시간을 보낸다. 즉, 〈디모데후서〉는 바울의 마지막 편지가 된다. 그래서 이 서신서를 '바울의 유언서'라고 부르기도 한다. 바울은 스승이자 영적인 아버지로서 디모데에게 강해지라고 당부하며 다음과 같은 유언을 남긴다.

나는 선한 싸움을 싸우고 나의 달려갈 길을 마치고 믿음을 지켰으니 이제 후로는 나를 위하여 의의 면류관이 예비되었으므로 주 곧 의로우신 재판장이 그 날에 내게 주실 것이며 내게만 아니라 주의 나타나심을 사모하는 모든 자에게도니라(딤후 4:7~8).

이것은 그냥 기록된 것이 아니라 죽음의 때가 다가오고 있음을 알고 있던 사도 바울의 고백이었다. 그가 죽음을 앞두고 자신의 영적 아들인 디모데에게 남긴 이 말씀이 우리의 고백이 되기를 바란다.

지도자의 권위에 대해 말하다

〈디도서〉는 바울이 또 다른 영적 아들인 그레데의 디도에게 보낸 편지이다. 바울은 로마 감옥에서 석방된 후 디도와 함께 그레데에 갔고 성장하는 그레데교회를 디도에게 맡겼다. 그런데 그레데교회 사람들은 흥분을 잘하고 거칠었으며 디도의 지도력을 존중하지도 않았다. 바울은 이러한 어려움을 겪고 있는 디도에게 권위를 가지고 설교하라고 권면하면서 지도자의 자질에 대해서 말한다.

〈디도서〉는 짧지만 지도력에 대한 핵심적이고 강한 메시지를 담고 있다. 교회에서 사역하다 보면 지도자의 권위에 순종하지 않고 정면으로 도전하는 사람들이 있다. 학생회나 소그룹 또는 한 단체의 지도자로서 어떤 자세를 지녀야 할지 고민하는 사람들이 있다면 〈디도서〉를 묵상하라. 좋은 해답을 얻을 수 있을 것이다.

Tip

그레데는 어떤 곳이었을까?

그레데는 그리스 남단 96km 지점, 에게해의 가장 남쪽에 있는 '크레타 섬'으로, 본토 그리스보다 문명이 앞선 곳이었다. '그레데'라는 말은 헬라어로는 '거짓말 혹은 사기꾼'이란 뜻으로, 그레데 섬은 이름 뜻 그대로 온갖 거짓과 행악, 탐욕이 가득한 곳이었다고 한다.

사랑, 진실로 행하며 살자

빌레몬서

저자 바울 **기록 연대** A.D. 61~63년경
내용 기독교 근본 진리인 사랑을 행하며 살라고 권면한다.

〈빌레몬서〉는 바울이 오네시모라는 노예를 위하여 그의 주인인 빌레몬에게 보낸 편지로, 굉장히 짧은 말씀이다.

빌레몬은 '애정이 있는 사람'이라는 뜻으로, 〈빌레몬서〉의 수신인으로서 성경에 단 한 번 거론된 인물이다. 이 인물에 대한 유일한 자료는 〈빌레몬서〉밖에 없다. 그는 골로새 감독으로서 네로황제 시대에 순교당한 것으로 전해진다.

오네시모는 헬라어로 '유용하다'는 뜻이다. 즉, 실제로는 쓸모없는 노예를 비꼬면서 부른 이름인 것이다. 오네시모는 잘못을 저지르고 빌레몬의 집에서 도망을 쳤다가 바울을 만나 기독교인이 되었다. 바울은 감옥에 있는 동안에도 오네시모를 열심

히 돌보았고, 오네시모가 점차 변화되었다.

당시 도망간 노예가 잡히면 죽임을 당했는데, 대화 도중 오네시모의 주인이 빌레몬이라는 것을 알게 된 바울은 깜짝 놀란다. 빌레몬은 바로 바울의 친구였던 것이다. 그래서 바울은 오네시모 편에 편지를 들려 보내며 빌레몬에게 오네시모를 용서하고 잘해주라고 부탁한다. 이러한 것이 하나님의 섭리 아니겠는가!

도표로 보는 신약 10

● 한눈에 보는 바울서신

시기	서신서
전도여행 중	갈라디아서, 데살로니가전후서, 고린도전후서, 로마서
1차 투옥 시기	에베소서, 빌립보서, 골로새서, 빌레몬서
연금 시기	디모데전서
2차 투옥 시기	디모데후서, 디도서

* 〈히브리서〉는 저작자에 대한 논쟁이 많아 제외하였다. 〈히브리서〉를 포함하면 14권으로, 신약성경 27권 중 거의 반을 바울이 기록한 셈이다.

짚어 보기

1. 바울이 쓴 〈로마서〉를 통해 수많은 사람이 예수님을 만나고 변화되었다. 그러나 그것은 바울의 말이 아니라 바울을 통해 말씀하신 하나님의 메시지였다. 오늘날 하나님은 나에게도 말씀을 주셔서 나를 통해 세상을 변화시키기 원하신다.

2. 다양한 사람들이 모여 있는 곳에는 문제가 있게 마련이다. 교회도 예외는 아니다. 그래서 늘 하나님의 말씀에 귀 기울이면서 말씀으로 변화되고 하나 되는 과정이 있어야 한다.

3. 바울은 감옥에 있으면서도 항상 기뻐하라고 말하면서 권면과 위로의 편지를 쓴다. 그의 몸은 감옥에 있었지만 마음은 늘 하늘에 있었다. 항상 기뻐하며 살기를 원하거든 땅에 살아도 하늘을 바라보며 살아야 한다.

4. 바울은 공부를 많이 했기 때문이 아니라 하나님을 만나고 성령을 받았기 때문에 크게 쓰임받을 수 있었다.

딱! 1시간에 끝내는

신약

3장

—

성숙한 신앙생활을 위해 권고하다

공동서신의 이해

히브리서

야고보서

베드로전후서

요한1, 2, 3서

유다서

바울은 신약의 대부분을 집필했다고 해도 과언이 아닐 정도로 많은 서신을 썼다. 그러나 바울만 서신을 쓴 것이 아니다. 베드로를 비롯한 여러 사람이 교회를 돌보며 서신을 보냈고 그것은 당시의 교회뿐 아니라 지금의 우리에게도 많은 것을 가르쳐주고 있다. 특히 저자를 알 수 없는 〈히브리서〉는 믿음생활에 대한 확신과 담대함을 가지도록 격려하고, 예수님의 동생이 쓴 〈야고보서〉는 믿음은 행함이 따라야 한다고 도전한다.

믿음과 인내로 승리하다

히브리서

저자 미상 **기록 연대** A.D. 64~68년경
내용 그리스도의 사역의 우월성과 신앙의 위대함을 밝힌다.

〈히브리서〉는 저자가 누구인지 알 수 없다. 한때 유대교인이었던 사람들을 위해 기록된 서신인데, 그들이 예루살렘 성전에서 제사장직을 맡았던 사람들이라고 말하는 학자도 있다. 유대교의 핵심인물이었다가 예수님을 믿게 된 사람들을 위해 쓰여진 말씀이라는 것이다. 유대교에서 기독교로 개종한 사람들에게는 당연히 박해가 따랐다. 그래서 그들의 믿음을 격려하고 용기를 주기 위해 기록된 서신이 〈히브리서〉이다.

그러한 이유로, 〈히브리서〉에는 "믿음은 바라는 것들의 실상이요 보이지 않는 것들의 증거니 선진들이 이로써 증거를 얻었느니라"(히 11:1~2) 같은 믿음에 대한 말씀이 많이 나온다.

"이미 우리에게는 믿음의 선배들이 많아. 예수님을 믿음으로써 고통당하고 어려움을 겪은 선배들이 많지만 그들은 다 이겨냈잖아. 우리도 한번 이겨내보자!" 하고 격려하는 말씀이다.

도표로 보는 신약 11

● 히브리서에서 제시하는 믿음의 인물

인물	이유	말씀
아벨	믿음으로 제사를 드려 하나님을 경배함	창 4:3~5; 히 11:4
에녹	하나님을 기쁘게 하며 하나님과 동행함	창 5:24; 히 11:5
노아	하나님께 순종함으로 심판에 대비함	창 7:1; 히 11:7
아브라함	어떤 상황에서도 믿음으로 순종함	창 12:1~5; 히 11:8,9
사라	하나님의 약속에 대한 확신을 가짐	창 17:19; 히 11:11
이삭	하나님의 말씀에 철저하게 순종함	창 27:26~40; 히 11:20
야곱	연단받고 거듭난 믿음을 가짐	창 48:1, 5; 히 11:21
요셉	약속의 성취를 인내로써 소망함	창 50:24~25; 히 11:22
모세	하나님의 백성을 위해 고난도 달게 받음	출 2:11; 히 11:23~27
이스라엘 백성	믿음으로 승리를 확신함	출 14:22; 히 11:29
라합	정탐꾼을 평안히 영접함	수 2:1; 히 11:31

참된 믿음에는 행함이 따른다

야고보서

저자 야고보 **기록 연대** A.D. 62년경
내용 신앙의 실천과 성숙한 삶을 강조한다.

〈야고보서〉는 예수님의 동생인 야고보에 의해 기록되었다고 추정하며, 믿음과 행함에 대한 기록이다. 그리스도를 믿는다면 말만 할 것이 아니라 행하라는 메시지를 강하게 전한다.

간혹 행함을 강조하는 〈야고보서〉를 '행위가 아니라 오직 믿음으로 구원을 얻는다'고 강조한 〈로마서〉나 〈갈라디아서〉와 상충된다고 오해하는 사람들이 있다. 하지만 〈야고보서〉는 믿음으로 얻는 구원을 부정하는 것이 아니다. 거듭난 그리스도인들이 맺어야 하는 참된 믿음의 열매로서 행함을 다루고 있다.

우리는 그리스도의 향기를 전하며 이 땅에 선한 영향력을 미쳐야 한다. 그렇게 하기 위해서는 그리스도를 닮은 행함을 보여

야 한다. 요즘 들어 "왜 예수 믿는 사람이 똑바로 살지 못해?"라고 말하는 사람이 많다. 교회가 본이 되지 못하고 있기 때문이다. "행함이 없는 믿음은 죽은 믿음"(약 2:26)이다. 교회가 교회다워지고, 성도가 성도다워지려면 꼭 〈야고보서〉를 읽어야 한다. 주위에 '예수님 믿고 구원받았으니 앞으로는 어떻게 살아야 할까?' 하고 고민하는 사람들이 있다면 〈야고보서〉를 권해보라.

도표로 보는 신약 12

● 믿음이 만드는 것들

말씀	내용
약 1:1~18	승리
약 1:19~27	순종
약 2:1~13	차별 금지
약 2:14~26	행함
약 3:1~4:4	청결
약 4:5~5:6	겸손
약 5:7~20	인내

소망과 격려의 편지를 전하다

베드로전서

저자 베드로 **기록 연대** A.D. 64년경
내용 고난의 의미와 대처하는 자세, 성결한 삶에 대해 말한다.

베드로의 편지는 소아시아(터키)의 박해받는 교회와 성도들을 격려하기 위해 기록된 서신이다. 고난 가운데 있는 교인들에게 "힘내십시오, 주님이 곧 오십니다!"라는 소망과 격려의 메시지를 전한다.

아울러 장차 올 축복은 현재 겪는 고통과는 비교할 수 없을 정도로 영광스러운 것임을 알려준다. 고난의 의미와 고난에 대처하는 자세에 대해 말하며, 고난과 시련을 영적 연단의 기회로 삼고 구원의 소망을 바라보며 이겨내라고 권면한다. 또한 믿음의 성숙을 위해 더욱더 사랑과 선행에 힘쓰라고 말하며 다른 사람들과의 관계 속에서 지켜야 할 책임에 대해 말한다.

재림에 대한 소망을 가지라

베드로후서

저자 베드로 **기록 연대** A.D. 66~67년경
내용 거짓 선생에 대한 경고와 그리스도의 재림에 대한 확신.

〈베드로후서〉는 〈베드로전서〉와 마찬가지로 소아시아에 흩어져 있던 교회들에 보낸 편지이다. 1장은 믿음의 확실성, 2장은 믿음의 도전자, 3장은 믿음의 성취에 대해 기록했다.

당시 고난과 핍박을 당하고 있던 성도들에게 거짓 선생들이 나타나 "재림은 오지 않는다"라는 잘못된 가르침을 전한다. 그래서 베드로는 거짓 선생들의 잘못을 폭로하며 그들을 경계할 것을 강조한다. 또한 예수님의 재림은 반드시 있을 것이며 이에 대한 소망의 중요성을 재차 강조한다. 그리고 성도들이 거짓 가르침에 미혹되지 않고 재림에 대비하며 굳건한 믿음으로 신앙적 성숙(믿음)을 이루기를 권면한다.

거짓 가르침을 경계하라

요한1, 2, 3서

저자 요한 **기록 연대** A.D. 95~96년경
내용 거짓 선생들을 경계하고 진리 안에서 행하라고 강조한다.

〈요한1, 2, 3서〉는 〈요한복음〉을 기록한 예수님의 제자 요한이 기록했다. 요한 서신이 기록될 당시는 영지주의를 비롯한 이단들이 성행하여, 많은 교회가 잘못된 가르침 때문에 혼란을 겪고 있었다. 그래서 사도 요한은 이런 거짓 선생들의 가르침을 조심하고, 하나님의 사랑의 능력으로 모든 것을 이겨내라고 격려했다.

〈요한1서〉는 '사랑'을 강조한다. 하나님을 사랑하고 서로를 사랑하라고 말하면서 믿음의 적들을 조심하라고 경고한다. 〈요한2서〉는 부인들과 그들의 자녀들에게 보내졌고, 〈요한1서〉와 같은 목적으로 기록되었다. 〈요한3서〉는 교회의 지도자였던 가

이오에게 개인적으로 보낸 서신으로, 주님의 일을 하는 사역자들을 사랑으로 접대한 가이오의 선한 행실을 칭찬하고 지도자로서의 겸손과 행함이 있는 믿음을 강조한다.

Tip

영지주의(Gnosticism)란?

1~2세기 헬레니즘 시대에 로마를 중심으로 일어난 초기 기독교 이단 사상으로 '앎'을 뜻하는 헬라어 그노시스(Gnosis)에서 유래했다. 영지주의자들은 지식을 신앙보다 우위에 두었고, 육체를 부정적으로 바라보았다. 그래서 예수님의 성육신을 부인했으며, 육체의 부활 같은 것은 없다고 보았다.

이단으로부터 **진리**를 **수호**하라

유다서

저자 유다 **기록 연대** A.D. 70~80년경
내용 이단을 분별하고 진리를 수호하라고 권한다.

〈유다서〉는 예수님의 동생이자 야고보의 동생인 유다가 기록하였다. 그는 원래 기독교의 구원에 관한 긴 편지를 쓰고 있었는데, 거짓 선생에 대한 소식을 들은 후 그들에 대한 경고와 경계의 편지를 썼다. 그 편지가 바로 〈유다서〉이다.

능히 너희를 보호하사 거침이 없게 하시고 너희로 그 영광 앞에 흠이 없이 기쁨으로 서게 하실 이 곧 우리 구주 홀로 하나이신 하나님께 우리 주 예수 그리스도로 말미암아 영광과 위엄과 권력과 권세가 영원 전부터 이제와 영원토록 있을지어다 아멘(유 1:24~25).

미혹의 영을 조심하고 이단에 빠지지 말기 바란다. 주위를 둘러보면 "교회에서 배우는 말씀은 잘못됐어. 내가 가르쳐줄게"라고 말하는 사람들이 있다. 그런 사람들을 따라가면 안 된다. 정 모르겠으면 교회에 가서 목사님께 여쭤보는 것이 좋다. 자기들만 옳다고 말하는 사람들이 있다면 이단일 수 있으므로 조심해야 한다. 그리고 하나님이 우리를 보호하셔서 거짓 선생들의 말에 미혹되지 않도록 기도하자.

짚어 보기

1. 성경은 누가 저술했느냐에 따라 그 중요성이 달라지는 것이 아니다. 모든 성경은 하나님의 감동으로 된 것이기에 다 귀하다.

2. 우리에게는 참 많은 믿음의 선배가 있다. 성경을 읽을 때는 하나님의 격려뿐 아니라 믿음의 선배들의 격려도 함께 들을 수 있어야 한다.

3. 믿음은 말과 함께 행동이 따를 때 세상을 변화시키는 힘과 능력이 된다.

4. 자기만 옳고 자기 모임에만 구원이 존재한다고 말하는 사람들은 이단이다. 예전부터 이단은 가정과 교회를 망가트려왔다. 사람을 미혹하게 하는 이단을 늘 경계하자.

딱! 1시간에 끝내는

신약

4장

하나님의 승리를 선포하다

예언서의 이해

요한계시록

성경에서 가장 논란이 많고 이해하기 힘든 책이 〈요한계시록〉이다. 사실 〈요한계시록〉은 복잡하고 어려운 암호책이 아니다. 하나님의 승리와 다시 오실 예수 그리스도에 대한 하나님의 약속을 기록한 말씀이다. 당시 로마의 압제를 받고 있던 기독교인들은 〈요한계시록〉을 통해 위로를 받았고 승리에 대한 확신도 가지게 되었다.

최후 승리는 우리 것이다

요한계시록

저자 요한 **기록 연대** A.D. 95~96년경
내용 그리스도의 재림과 종말에 대해 예언하다.

〈요한계시록〉은 주의해서 읽어야 한다. 아무리 봐도 무슨 말인지 잘 모르는 구절이 많기 때문이다. 판타지도 아닌데 네 마리의 말을 탄 사람, 나팔을 들고 있는 일곱 명의 천사, 일곱 개의 머리를 가지고 열 개의 뿔이 있는 용 같은 것들이 나온다. 그래서 대개 〈요한계시록〉을 어려워한다. 하지만 다음과 같은 배경을 알면 〈요한계시록〉을 이해하기가 훨씬 쉬워질 것이다.

요한계시록의 배경

〈요한계시록〉은 A.D. 81년부터 96년까지 로마를 통치했던 도미티안 황제 시절에 기록되었다. 그전에 로마를 지배했던 네

로 황제도 정말 무수한 기독교인을 죽였는데, 그보다 더 지독한 사람이 도미티안 황제였다. 기독교인이라면 무조건 다 죽였다. 그는 스스로를 신이라고 말하며 사람들에게 경배를 요구했다. 거절하는 사람은 고통을 당했고, 당연히 이를 거절한 기독교인들은 박해받기 시작했다.

그러자 기독교인들은 당연히 이런 의문을 품게 되었다. '왜 악이 선을 이기며, 왜 기독교인들이 이렇게 고통을 당해야 하는가?' 〈요한계시록〉은 이러한 기독교인들의 절망과 질문에 대한 답이자 희망이었다. 요한이 보았던 환상의 핵심은 악에 대한 하나님의 승리의 선포였다.

도표로 보는 신약 13

● 요한계시록의 내용

말씀	내용
계 1:10~4:1	일곱 교회를 향한 권면
계 4:2~17:2	일곱 인, 일곱 나팔, 일곱 대접 환상
계 17:3~21:9	바벨론의 멸망
계 21:10~22:5	새 예루살렘에 대한 환상

도표로 보는 신약 14

● 일곱 교회 비교

교회	특징		권면
에베소 (계 2:1~7)	칭찬	악을 미워함, 인내함	회개하라, 처음 행위를 가지라
	책망	처음 사랑을 버림	
서머나 (계 2:8~11)	칭찬	환난과 궁핍을 견딤	고난을 두려워 마라, 죽도록 충성하라
	책망	없음	
버가모 (계 2:12~17)	칭찬	믿음을 저버리지 않음	회개하라
	책망	우상숭배와 행음을 허용	
두아디라 (계 2:18~29)	칭찬	사랑, 섬김, 믿음, 인내의 증가	심판이 다가온다, 끝까지 믿음을 지키라
	책망	우상숭배와 행음을 허용	
사데 (계 3:1~6)	칭찬	믿음을 지킨 자가 있었음	믿음을 굳게 하라, 회개하라
	책망	온전하지 못한 죽은 교회였음	
빌라델비아 (계 3:7~13)	칭찬	인내의 말씀을 지킴	믿음을 지키라
	책망	없음	
라오디게아 (계 3:14~22)	칭찬	없음	열심을 내라, 회개하라
	책망	무관심함, 미지근한 믿음	

요한계시록의 상징

먼저 양이 나온다. 양은 예수님을 상징한다. 그리고 네 마리의 말 탄 사람들이 등장한다. 그들은 침략, 전쟁, 기근, 죽음을 뜻한다. 그리고 나팔을 들고 있는 일곱 명의 천사가 나오는데, 나팔을 부는 것은 하나님의 심판을 알리는 것이다. 다음으로 여자가 아이를 낳는 장면이 나오는데, 이것은 하나님의 사람을 상징한다. 그녀의 아이는 메시아다. 이어서 일곱 개의 머리가 있고 열 개의 뿔이 있는 용이 등장하는데, 사탄을 상징한다. 그리고 두 짐승이 나오는데, 이는 적그리스도의 힘을 상징한다. 그 다음에 나오는 일곱 명의 천사와 일곱 재앙은 출애굽 때의 재앙과 같다. 바벨론의 매춘부는 로마를 상징한다. 이어서 나오는 신부는 매춘부의 반대, 즉 교회를 의미한다. 마지막으로 하얀 말을 탄 사람은 큰 힘을 가진 하나님의 아들을 뜻한다.

만일 로마가 하나님의 나팔 소리에 의해서 망한다는 사실을 그대로 썼다면 〈요한계시록〉을 본 로마 사람들이 좋아했을까? 그래서 로마의 박해를 받던 기독교인들에게 희망과 격려를 주기 위해 이런 상징을 쓴 것이다. 〈요한계시록〉을 읽은 기독교인들은 하나님이 우리를 구원해주시며 악한 것, 즉 로마는 망할 수밖에 없다는 희망을 가질 수 있었다.

요한계시록은 암호책이 아니다

간혹 〈요한계시록〉을 풀어야 하는 암호책으로 이해하는 사람들이 있다. 그래서 앞으로 벌어질 사건에 대한 시간까지 알아내려고 한다. 밤을 새서 〈요한계시록〉에 나오는 숫자의 의미가 무엇이며 더하면 무엇이 되는지, 그래서 주님은 언제 오실지 등을 계산한다. 예수님을 그렇게 믿지는 말자. 미적분도 힘든데 뭘 그런 것까지 계산하고 있는가? 우리 주님이 언제든 오실 줄 믿으며 살자. 오늘 오실지, 내일 오실지는 모르지만 우리가 살아 있는 동안 오시지 않으면 천국 가서 만나면 되지 않는가!

〈요한계시록〉을 처음 본 신자들은 박해받고 있었고 그들은 이 책에 기록된 로마 이야기를 보면서 로마가 빨리 망하기를 바랐다. 그래서 〈요한계시록〉에는 시적인 표현이 풍부하며, 악을 이기는 하나님의 모습이 웅장하고 멋지게 묘사되어 있다.

또한 〈요한계시록〉은 종말에 대한 예언으로, 단순히 로마의 멸망뿐 아니라 모든 악은 패한다는 선포이기도 하다. 결국은 하나님이 승리하신다는 것이다. 〈요한계시록〉을 읽다 보면 우리가 이미 이긴 전쟁을 하고 있음을 알 수 있다.

그러므로 〈요한계시록〉을 읽을 때는 마음 편히 읽으라. 이것은 무서운 이야기가 아니라 어떤 판타지소설보다 더 재미있는 책이다. 머리 일곱 개에 열 개의 뿔이 있는 용을 우리가 이긴다는 이야기가 흥미롭지 않은가. '하나님이 승리하신다! 선이 이긴다!'는 것을 늘 기억하며 살자. 희망을 가지고 끝까지 믿음을 지키면서 살자. 그리고 하나님의 말씀에 붙들려 살자. 말씀에 붙들리고 말씀을 아는 사람만이 세상을 이길 수 있다.

도표로 보는 신약 15

● 요한계시록의 관점

시제	말씀	중심 내용
과거	1장("네가 본 것")	주님의 재림에 대한 약속, 하나님의 예고
현재	2~3장("지금 있는 일")	아시아 일곱 교회에 대한 편지
미래	4~22장("장차 될 일")	심판주, 7년 대환난, 재림, 성도의 통치, 영원의 상태

짚어 보기

1. 예수님은 모든 민족에게 복음이 증거되면 다시 오시겠다고 약속하셨다. 우리는 예수님이 언제 오실지 날짜를 계산할 것이 아니라 아직도 예수님을 알지 못하는 사람들에게 복음을 전하며 살아야 한다.

2. 하나님께서는 우리에게 어려운 암호책을 주시며 풀라고 요구하지 않으신다. 세상을 살아가는 우리에게 힘과 용기를 주시며 승리에 대한 확신을 주시길 원하신다. 〈요한계시록〉은 바로 그러한 목적에서 기록된 책이다.

3. 말씀은 악한 세상을 이기는 무기가 된다. 마귀의 유혹을 말씀으로 이기신 예수님을 본받아 말씀으로 사는 그리스도인이 될 때, 세상을 이기는 영향력 있는 사람이 될 수 있다.